Anja Gulden

Mein CAPSULE WARDROBE Näh-Planer

Das Trend-Konzept
in wenigen Schritten
selbst umsetzen!

CV

VORWORT

Wie schön, dass du dieses Buch in den Händen hältst. Denn das bedeutet sehr wahrscheinlich, dass auch du zu den Menschen gehörst, die viel zu viele Näh-Projekte geplant, aber viel zu wenig Zeit haben. Du bist kreativ und hast jede Menge Ideen. Das passende Material hast du vielleicht auch schon gekauft, kommst aber einfach nicht dazu, all das umzusetzen. Was dir – genau wie vielen anderen – vielleicht fehlt, ist ein Konzept:

Was möchte ich wirklich umsetzen und was brauche ich?

Mit Hilfe dieses Buches werden wir gemeinsam genau dieses Konzept entwickeln. Wir wollen versuchen herauszufinden, welche Kleidung zu deinem Alltag passt, wie du deine Ideen priorisieren kannst und genau die Projekte auf die To-Sew-Liste setzt, die zu dir und deinen Ansprüchen passen.

Dieses Buch ist weder eine Stil- noch eine Farbberatung. Vielmehr soll der Spaß an Mode, der bewusste Kauf von Stoffen und das strukturierte Nähen von Kleidung im Fokus stehen. Das alles mit dem Ziel, dass du ganz gezielt Stoffe und Schnittmuster kaufst, um am Ende an der Nähmaschine zu sitzen und die Kleidungsstücke zu nähen, die du gerne tragen wirst und die miteinander kombinierbar sind.

Ich wünsche dir viel Freude mit dem Buch und der Arbeit an deiner persönlichen Capsule Wardrobe.

Anja

B 740
BERNINA

INHALT

DIE GRUNDLAGEN

WAS ZÄHLT, BIST DU.

Viele denken bei dem Begriff Capsule Wardrobe direkt an Einschränkung, Minimalismus und Basicteile in den Farben Schwarz, Weiß und Sand. Aber man kann das Projekt auch anders angehen:

Ob deine Capsule Wardrobe aus 10, 30 oder 50 Teilen besteht, hängt ganz von dir und deiner Zeit für die Nähmaschine ab. Wichtig ist, dass du am Ende nur Kleidungsstücke vor dir hast, die du wirklich trägst und die gut untereinander kombinierbar sind.

Auch, wenn es um das Reduzieren von Styles geht, ist Mode dennoch ein Experiment und es soll Spaß machen, sich auszuprobieren. Wähle also ruhig auch ein paar Mut-Projekte aus.

GUT DING WILL WEILE HABEN

Du wirst sehr wahrscheinlich am Ende eines Planungsdurchgangs nicht direkt vor deiner perfekten Capsule Wardrobe stehen, die nur aus Lieblingsteilen besteht. Vielleicht wirst du nach einiger Zeit feststellen, dass in deiner ersten Kollektion doch noch Teile dabei sind, die du nicht gerne trägst. Macht nichts. Dann bist du für die zweite Kollektion schon um einige Erfahrungen reicher und die Garderobe wird mehr und mehr perfekte Kleidungsstücke für dich enthalten.

Eine Capsule Wardrobe ist eine ausgewählte und begrenzte Zahl an Kleidungsstücken, die sich untereinander kombinieren lassen.

DER PLANER

Auf den folgenden Seiten findest du zweimal das komplette Planungsmodul mit jeweils sieben Lektionen. So kannst du den Planer ein Jahr lang nutzen, wenn du deine einzelnen Capsule Wardrobes in Frühjahr/Sommer und Herbst/Winter aufteilst.

Natürlich kannst du auch ein Modul für deine Sport-Capsule Wardrobe und eines für deine Urlaubs-Capsule Wardrobe nutzen. Ganz, wie es zu dir passt.

Im Folgenden stelle ich dir die einzelnen Lektionen detailliert vor und erkläre dir, worum es darin geht. In den Lektionen selbst findest du diesen Inhalt jeweils noch einmal kurz zusammengefasst. So kannst du dich später voll und ganz der Planung widmen – falls du jedoch noch einmal genauer nachlesen möchtest, blätterst du einfach kurz hierher zurück.

LEKTION 1

Alltag, Stil & Jahreszeit

Deinen Kleiderschrank zu öffnen und einfach hineinzugreifen um dir dein Wohlfühloutfit zusammenzustellen, setzt voraus, dass die Kleidung darin zu dir und deinem Alltag passt. Denn, auch wenn du es vielleicht liebst große Abendgarderoben zu nähen, sind diese eher weniger passend, wenn du eigentlich hauptsächlich im Büro sitzt oder vielleicht mit deinem Kind die größten Outdoorabenteuer erlebst!

Daher sollte der Inhalt deines Kleiderschrankes – und damit auch die Projekte auf deiner Nähliste – unbedingt zu deinem Alltag passen.

Sieh dir deinen Alltag und deine Gewohnheiten noch einmal genauer an und mache dir Notizen in Modul 1.

Notiere dir auf den Planer-Seiten deine täglichen Aktivitäten und Gewohnheiten & lege Ziele für deine Capsule Wardrobe fest.

LEKTION 2

Ordnung im Kleiderschrank

Um dir einen Überblick darüber zu verschaffen, was du bereits im Kleiderschrank hast und was du vielleicht noch brauchst, räume deinen Kleiderschrank einmal aus und sortiere die Kleidungsstücke wie folgt:

1. KISTE: MÜLL

Für definitiv kaputte, nicht mehr reparable Kleidung. Vielleicht kann sie zerschnitten als Putzlappen weiterleben?

2. KISTE: SECONDHAND

Für Fehlkäufe oder nicht gerne/häufig getragene Kleidung, die aber noch in Ordnung ist. Vielleicht freut sich der nächste Besitzer darüber?

3. KISTE: UPCYCLING

Wir können doch nähen. Kannst Du einem ungeliebten Kleidungsstück vielleicht neues Leben einhauchen?

4. KISTE: SAISONWECHSEL

Hier landen alle Kleidungsstücke, die nicht zur aktuellen Saison passen. Im Sommer dürfen beispielsweise Wollpullis in den Winterschlaf. Das hilft enorm, morgens den Blick tatsächlich nur auf die Sachen zu richten, die gerade auch tragbar sind.

Alle Kleidungsstücke, die nicht in den Kisten gelandet sind, dürfen wieder in den Schrank einziehen.

Verschaffe dir durch die 4-Kisten-Sortierung einen Überblick über den Inhalt Deines Kleiderschranks.

LEKTION 3

Inspiration & Ideen

SAMMELN

Nun lass uns Ideen sammeln, wie deine Garderobe aussehen könnte. Ich persönlich finde es am einfachsten, Inspirationen auf einem Pinterest-Board zu sammeln und alles darauf zu pinnen, was einem gefällt. Arbeitest du lieber analog, kannst du natürlich auch gemütlich durch Zeitschriften und Kataloge blättern, ausschneiden was dich anspricht und es in einer Box sammeln.

Lass dich einfach treiben. Und vor allem: Sammle wirklich, was dir gefällt. Es geht hier noch nicht darum genaue Outfits nachzunähen, sondern darum, in dich hineinzuhorchen. Deine Capsule Wardrobe kann so auch eine Chance sein, einmal etwas Neues zu wagen und vielleicht ein für dich außergewöhnliches Teil zu integrieren.

ANALYSIEREN

Schau dir deine Sammlung nun genauer an. Mit Sicherheit findest du Dinge, die sich wie ein roter Faden durch deine Ideen ziehen.
Hast du häufiger eine bestimmte Farbe ausgewählt?
Oder liebst du Blumenkleider?
Sieht man auf den meisten Bildern Hosen oder Röcke?
Vielleicht gibt es auch DAS EINE TEIL, in das du dich verliebt hast. Dann könnte dies die Basis für deine Capsule Wardrobe sein, auf der alles andere aufgebaut wird. (Natürlich nur, wenn es die Alltagstauglichkeitskriterien erfüllt.)

Sammle Inspiration für deine Capsule Wardrobe und notiere im Planungsmodul deinen roten Faden.

AUSSORTIEREN
Hast du einen gemeinsamen Nenner oder einen roten Faden gefunden? Dann lösche oder werfe alles weg, was nicht mehr dazu passt. Gleiche die verbliebenen Bilder noch einmal mit deinem Ergebnis aus Lektion 2 ab und lösche Ideen oder füge noch einmal Ideen hinzu, bis für dich alles stimmig erscheint.

LEKTION 4

Material für Nähprojekte

DEINE STOFF- UND SCHNITTMUSTERBESTÄNDE

Die Ideen, Farben und Details werden jetzt konkreter. Dazu solltest du dir etwas Zeit nehmen und deine bisherige „Das will ich noch nähen"-Liste, deine Stoffbestände und vorhandenen Schnittmuster nach Inhalten durchsuchen, die zu deinen finalen Ideen aus Lektion 3 passen. Klebe kleine Stoffschnipsel, Zeichnungen vorhandener Schnitte, Knöpfe, und vielleicht auch zwei bis drei Bilder aus deiner Ideensammlung auf, und erstelle so dein Moodboard. Natürlich gerne direkt in diesen Planer. Im Planungsmodul findest du Platz dafür.

Dieser Prozess hilft dir, dein Konzept noch einmal zu vertiefen und zu überdenken. Am Ende wird dir noch klarer sein, wie deine Kleidung aussehen soll, welcher Schnitt fehlt und welcher vielleicht doch nicht ganz hinein passt.

DEIN MOODBOARD ALS STÄNDIGER BEGLEITER

Dieses Moodboard sollte ab jetzt immer in der Nähe deiner Nähmaschine liegen. So kannst du stets im Auge behalten, ob deine nachfolgenden Nähideen in dein Konzept passen. Nachfolgende Ideen? Klar. Es wäre ja verrückt zu glauben, dass wir im Laufe der Saison keine tollen Schnitte mehr entdecken werden!

Für den späteren Stoffeinkauf kannst du dein Moodboard mit deinem Smartphone fotografieren. So hast Du immer alle Infos dabei.

Erstelle mit ausgeschnittenen Bildern ein Moodboard, indem du alles, was zu deiner Capsule Wardrobe passt, in dein Planungsmodul klebst.

LEKTION 5

Farben festlegen

Sicherlich hast du schon eine grobe Ahnung, welche Farben in deiner Capsule Wardrobe eine Rolle spielen sollen. Damit alles harmonisch wird und die einzelnen Teile gut untereinander kombinierbar sind, solltest du dir ein Farbkonzept nach den drei Farbbausteinen einer Capsule Wardrobe erstellen.

BAUSTEIN 1 legt die Basisfarbe fest. Das kann zum Beispiel Schwarz oder Blau sein. Die Basisfarbe ist die, die in deiner Capsule Wardrobe meist für die Basicteile wie Jeans, Schuhe sowie Jacke oder Mantel genutzt wird.

BAUSTEIN 2 legt die neutralen Farben fest. Wobei man hier eigentlich kaum von „festlegen" sprechen kann, denn neutrale Farben können in sämtlichen Schattierungen nebeneinander erscheinen. Neutrale Farben wären Grau, Sand, Weiß, Nude und evtl. ein ganz zartes Rosé.

BAUSTEIN 3 legt die Akzentfarben fest. Hier darf es knallen. Vielleicht ein leuchtendes Rot? Ein edles Smaragdgrün? Sehr wahrscheinlich findest du die Akzentfarbe bereits in deinem Moodboard wieder. Die Akzentfarben in meinem Beispiel sind frei gewählt und nur ein Ausschnitt. Hier ist alles erlaubt, was gefällt. Wichtig ist, dass du dich für eine oder maximal zwei Akzentfarben entscheidest.

BASISFARBE ODER

NEUTRALE FARBEN

AKZENTFARBEN

Zeichne die Farben für deine Capsule Wardrobe in dein Planungsmodul. Halte dich dabei an die 3-Farbbausteine-Regel.

LEKTION 6

Outfits kombinieren

KLEIDUNG, STOFFE & SCHNITTMUSTER

Nimm die Kleidungsstücke aus dem Kleiderschrank, die schon in dein Capsule Wardrobe-Konzept passen. Lege Schnittmuster und Stoffe dazu, die du bereits in deinem Fundus hast. Versuche aus den Teilen Outfits zu erstellen. Kontrolliere noch einmal, ob beides zu deinen festgelegten Farben passt.

Ziel ist es, möglichst viele Teile kombinieren zu können und mit möglichst wenigen Teilen auszukommen.

Jetzt ergeben sich eventuelle „Lücken" in deinem Stoff- und Schnittmustervorrat. Fehlen dir Schnitte oder Stoffe für ein Outfit, dann notiere oder skizziere sie, damit du sie später auf die Einkaufsliste setzen kannst.

ANZAHL DER OUTFITS

Ich möchte dir an dieser Stelle keine Zahl an die Hand geben. Das Ziel sollte sein, nur so viele Teile auf die To-Sew-Liste zu setzen, wie du auch realistisch nähen kannst, denn häufig nehmen wir uns zu viele Teile vor.

Und ganz wichtig: Lass dir noch etwas Luft, damit du zeitlich noch Platz für spontane Nähprojekte hast.

Zeichne, klebe oder notiere deine Outfitkombinationen ins Planungsmodul. Dort findest du auch hilfreiche Tipps für deine Visualisierung.

LEKTION 7

Einkaufsliste & Projektübersicht

ÜBERSICHT DER NÄHPROJEKTE

Die fehlenden Kleidungsstücke für deine Capsule Wardrobe dürften nun feststehen. Damit du genau im Auge behältst, welche Kleidungsstücke du nähen möchtest und welche Schnittmuster oder Stoffe du vielleicht noch brauchst, kannst du zu jedem Einzelprojekt eine Seite des Nähprojekt-Planers ausfüllen. So hast du den Überblick und kannst dich auf die Suche nach den fehlenden Zutaten machen.

EINKAUF VON FEHLENDEN STOFFEN UND ZUTATEN

Notiere dir zu jedem Projekt genau die Zutaten, die dir fehlen. Hefte eine Skizze und, wenn vorhanden, ein Stück Stoff dazu. Anhand dieser Informationen kannst du Onlineshops oder Stoffgeschäfte durchstöbern. Für deine Shoppingtour kannst du nun dein fotografiertes Moodboard zur Hand nehmen. Außerdem kann es hilfreich sein, die Skizzen und vorhandenen Stoffabschnitte in einer kleinen Zipperbag mitzunehmen, um gleich vor Ort die Farben abzugleichen, auf Stimmigkeit zu überprüfen und nur die Zutaten zu kaufen, die du benötigst.

Halte die Nähprojekte deiner Capsule Wardrobe mit allen Einzelheiten im Planungsmodul fest und erstelle deine Einkaufsliste.

PLANUNGS-MODUL

1

LEKTION 1
VORBEREITUNG

Alltag, Stil & Jahreszeit

Fülle die folgenden Seiten aus, um einen Überblick über die Anforderungen, die du an deine Capsule Wardrobe stellst, zu erhalten und die ersten groben Ziele festzulegen. Trage alle deine Aktivitäten ein. Danach weißt du sicherlich schon, welchen Bereich deine Capsule Wardrobe abdecken soll.

DEIN ALLTAG

Trage hier deine täglichen Gewohnheiten und Termine ein, um die Anforderungen an deine Kleidung besser kennenzulernen (z. B. Büro, Sport, ...).

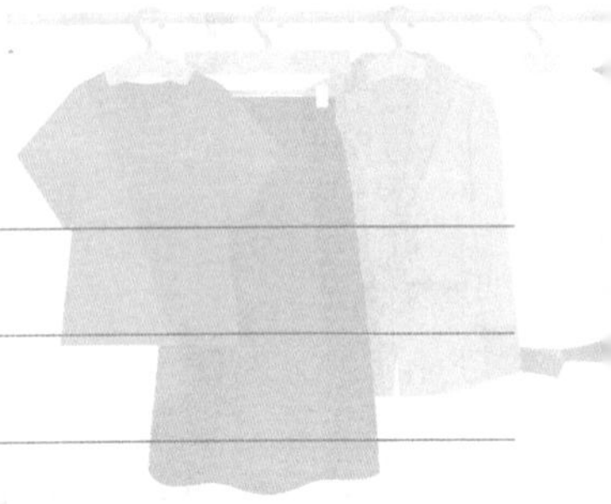

MONTAG

DIENSTAG

MITTWOCH

DONNERSTAG

FREITAG

SAMSTAG & SONNTAG

DEINE CAPSULE WARDROBE-ZIELE

Definiere deine groben Ziele. Für welche Saison möchtest du deine Capsule Wardrobe erstellen? Oder welchen Bereich soll sie abdecken? Hast du vielleicht sogar schon Stilideen (clean, romantisch, sportlich ...)?

DAS FEHLT DIR

- ○ Frühjahr / Sommer
- ○ Herbst / Winter

DER THEMENBEREICH

- ◯ Sport
- ◯ Urlaubsgarderobe
- ◯ Businesskleidung
- ◯ Unterwäsche
- ◯ Alltagskleidung

Eigene Ideen

- ◯ ______________
- ◯ ______________
- ◯ ______________
- ◯ ______________

STIL-IDEEN (FALLS SCHON BEKANNT)

____

____

____

____

PLATZ FÜR WEITERE NOTIZEN

____

____

____

____

LEKTION 2
BESTANDSAUFNAHME

Ordnung im Kleiderschrank

Sichte den Inhalt deines Kleiderschrankes und sortiere ihn nach folgenden Kategorien: Defekte Kleidung, ungeliebte/ungetragene Kleidung für den Flohmarkt, Kleidung für ein Upcycling-Projekt, Kleidung die nicht zur aktuellen Saison passt.

ORDNUNG
IM KLEIDERSCHRANK

Räume deinen Kleiderschrank aus und nimm dir jedes Teil vor. Stelle dir folgende Fragen:

IST DAS KLEIDUNGSSTÜCK NOCH EINWANDFREI?

JA ◯ NEIN ◯

HABE ICH ES IM LETZTEN JAHR GETRAGEN?

JA ◯ NEIN ◯

FÜHLE ICH MICH DARIN WOHL?

JA ◯ NEIN ◯

Hast du alle Fragen mit „Ja“ beantwortet, darf das Teil zurück in den Kleiderschrank. Falls nicht, wird weitersortiert.

Die 4-Kisten-Sortierung

KISTE 1 - MÜLL
Kleidung, die kaputt und nicht mehr zu retten ist.

KISTE 2 - SECOND HAND
Fehlkäufe & nicht gerne/häufig getragene Kleidung.

KISTE 3 - UPCYCLING
Kleidung, aus der Neues entstehen kann.

KISTE 4 - SAISON
Kleidung, die nicht zur aktuellen Saison passt.

DEINE LIEBLINGSTEILE

DAS FEHLT DIR

LEKTION 3
INSPIRATION & IDEEN

Sammle, was dir gefällt

Lass dich inspirieren und sammle Bilder, die dir gefallen. Analysiere sie und finde deinen roten Faden. Am besten geht das mit dem Ideentool *Pinterest*. Die folgenden Fragen und Hilfestellungen können dir bei deiner Auswahl helfen.

NEUE MODE
die Trends der Saison
BOYFRIEND-JEANS
Gar nicht so schwer:
Graceful Blazer Outfits Ideas For Women 17
How to Style Red and Pink

SAMMLE INSPIRATION
UND FINDE DEINEN ROTEN FADEN

Beispiele, wo du schöne Ideen und Inspirationen finden könntest, habe ich dir hier zusammengestellt:

MÖGLICHE INHALTE
- Outfits
- Stoffe
- Schnittmuster
- Stimmungsbilder, die du magst

INSPIRATIONSQUELLEN:
- Pinterest, Instagram, Blogs
- Shops großer Modehersteller
- Zeitschriften & Kataloge
- Menschen auf der Straße

WELCHE FARBEN DOMINIEREN?

WELCHE KLEIDUNGSSTÜCKE TAUCHEN HÄUFIGER AUF (HOSEN, RÖCKE, KLEIDER ...)?

GIBT ES DETAILS, DIE DU BESONDERS MAGST?

LEKTION 4
MOODBOARD

Sammeln für konkrete Nähprojekte

Nun wird es kreativ. Ergänze die Ideen aus Lektion 3 mit passenden Stoffen und Schnittmustern aus deinem Fundus. Klebe Stoffstücke, Skizzen, Knöpfe, Bilder aus deinem Ideenboard auf und erstelle so ein Moodboard als Grundlage für deine Nähpläne.

DEIN MOODBOARD
AU REVOIR
www.rapantinchen.de
HÖHENFLUG
ALLES DRIN!

Moodboard

LEKTION 5
FARBEN

Die 3-Farbbausteine-Regel

Entscheide dich nun für eine Basisfarbe, ein bis zwei Akzentfarben und die neutralen Farben, die du verwenden möchtest. Erstelle so ein Farbkonzept, für deine Capsule Wardrobe. Zeichne die Farben ein und klebe, wenn du magst, schon ein paar passende Stoffe dazu.

DIE FARBEN DEINER CAPSULE WARDRC
RBE
RALE FARBEN
KTZENTFARBEN
PLATZ FÜR ZUSÄTZLICHE STOFFABSCHNITTE MIT MUSTERN & TEXTUREN

FARBEN
DEINER CAPSULE WARDROBE

BASISFARBE

NEUTRALE FARBEN

AKZENTFARBEN

Platz für zusätzliche Stoffabschnitte mit Mustern & Texturen

LEKTION 6
OUTFITS

Kleidung, Stoffe & Schnittmuster kombinieren

Hast du Outfitideen, dann notiere dir die Outfitdetails auf den nächsten Worksheets, als Text oder schnelle Skizze. Vielen hilft es, die Outfits an Croquis zu zeichnen, um direkt zu sehen, wie sie wirken. Alternativ kannst du die technischen Zeichnungen der Schnittmuster kopieren und ausmalen.

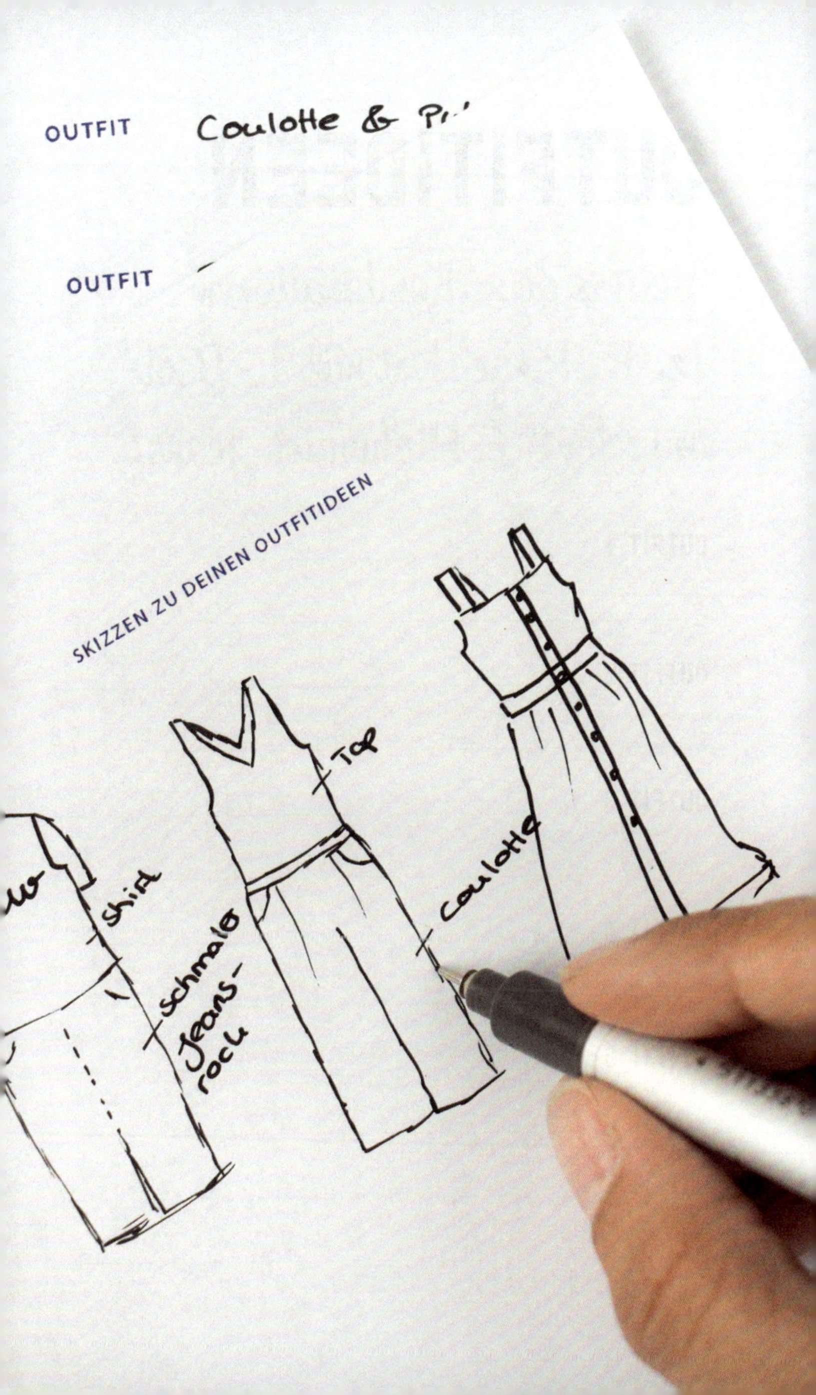
OUTFIT
Coulotte & Pr
OUTFIT
SKIZZEN ZU DEINEN OUTFITIDEEN
Top
Coulotte
Shirt
schmaler Jeans-rock

OUTFITIDEEN

Notiere deine Kombinationen (z. B. Ringelshirt mit U-Boot-ausschnitt & Highwaist-Jeans)

OUTFIT 1

OUTFIT 2

OUTFIT 3

OUTFIT 4

OUTFIT 5

OUTFIT 6

OUTFIT 7

OUTFIT 8

OUTFIT 9

OUTFIT 10

OUTFIT 11

OUTFIT 12

OUTFIT 13

OUTFIT 14

OUTFIT 15

Skizzen zu deinen Outfitideen

Skizzen zu deinen Outfitideen

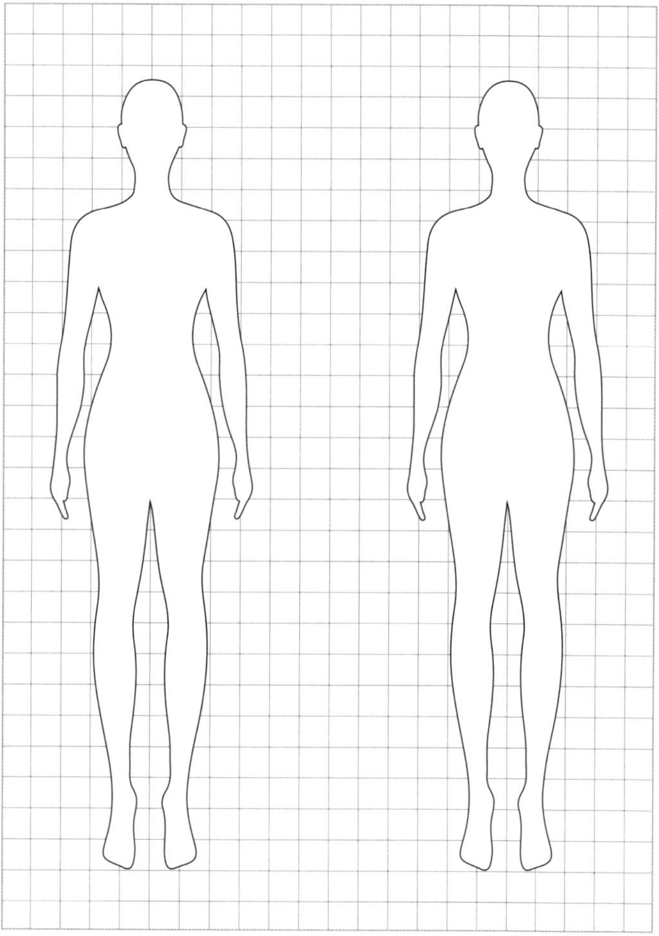

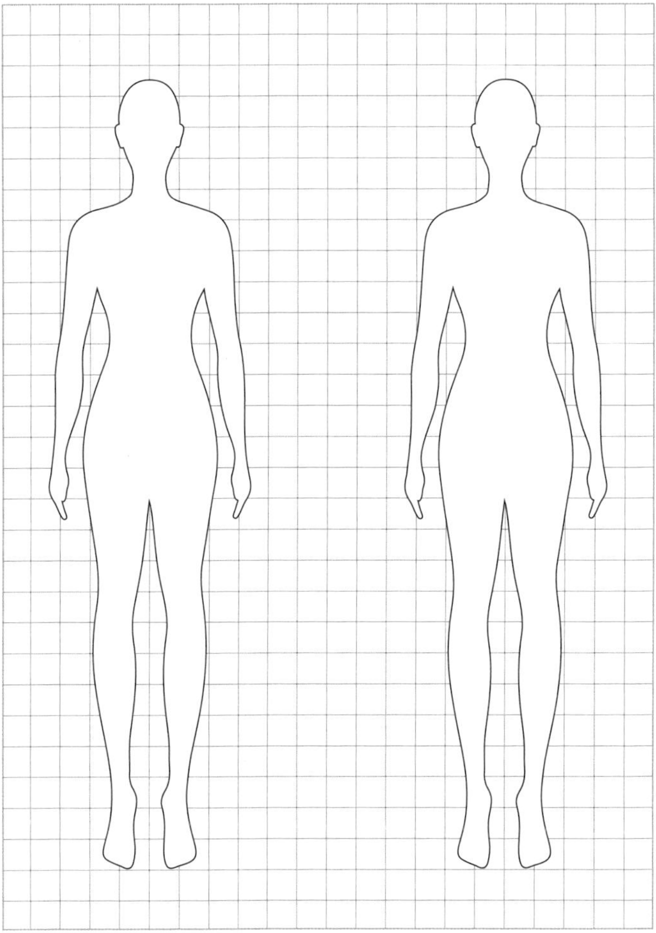

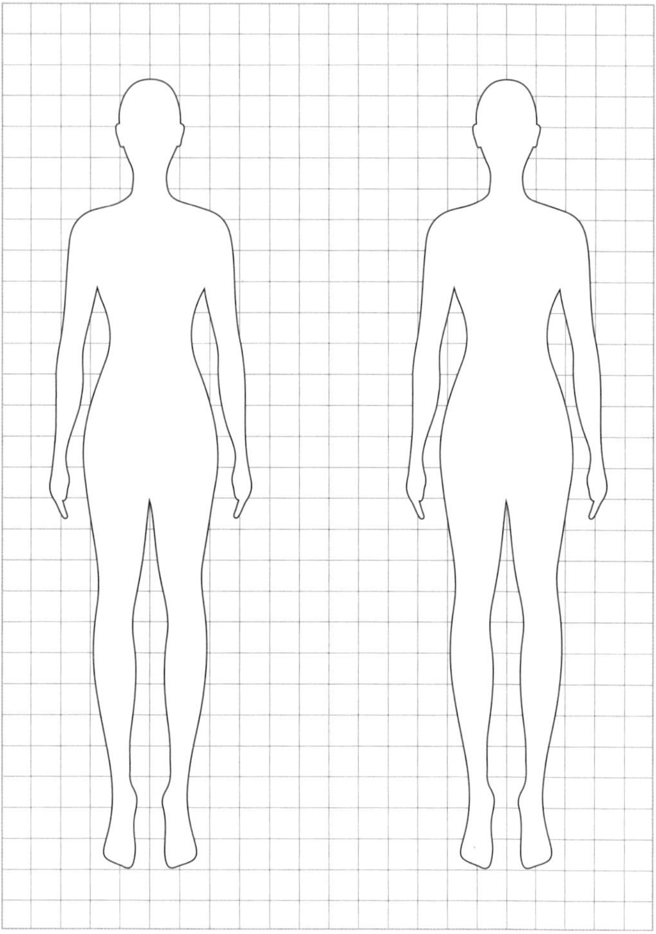

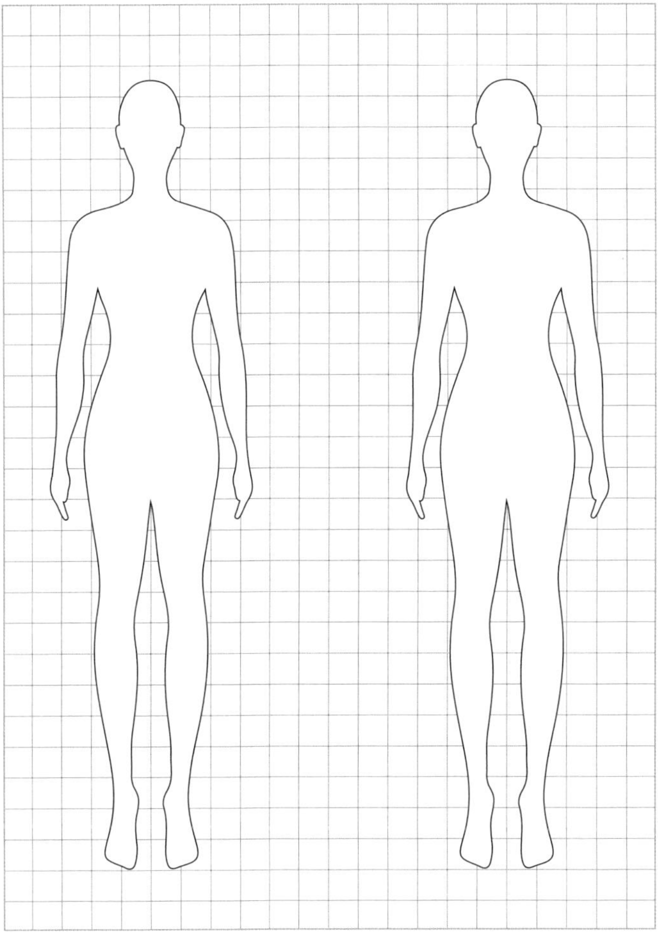

LEKTION 7
EINKAUFSLISTE & PROJEKTÜBERSICHT

Lege Nähprojekte fest

Halte jedes Nähprojekt mit allen Einzelheiten, wie Schnittmuster, Stoff, Zubehör & Co. auf den folgenden Seiten fest und markiere dir die fehlenden Zutaten für deinen Einkauf. Nähe danach anhand deiner Notizen deine Capsule Wardrobe.

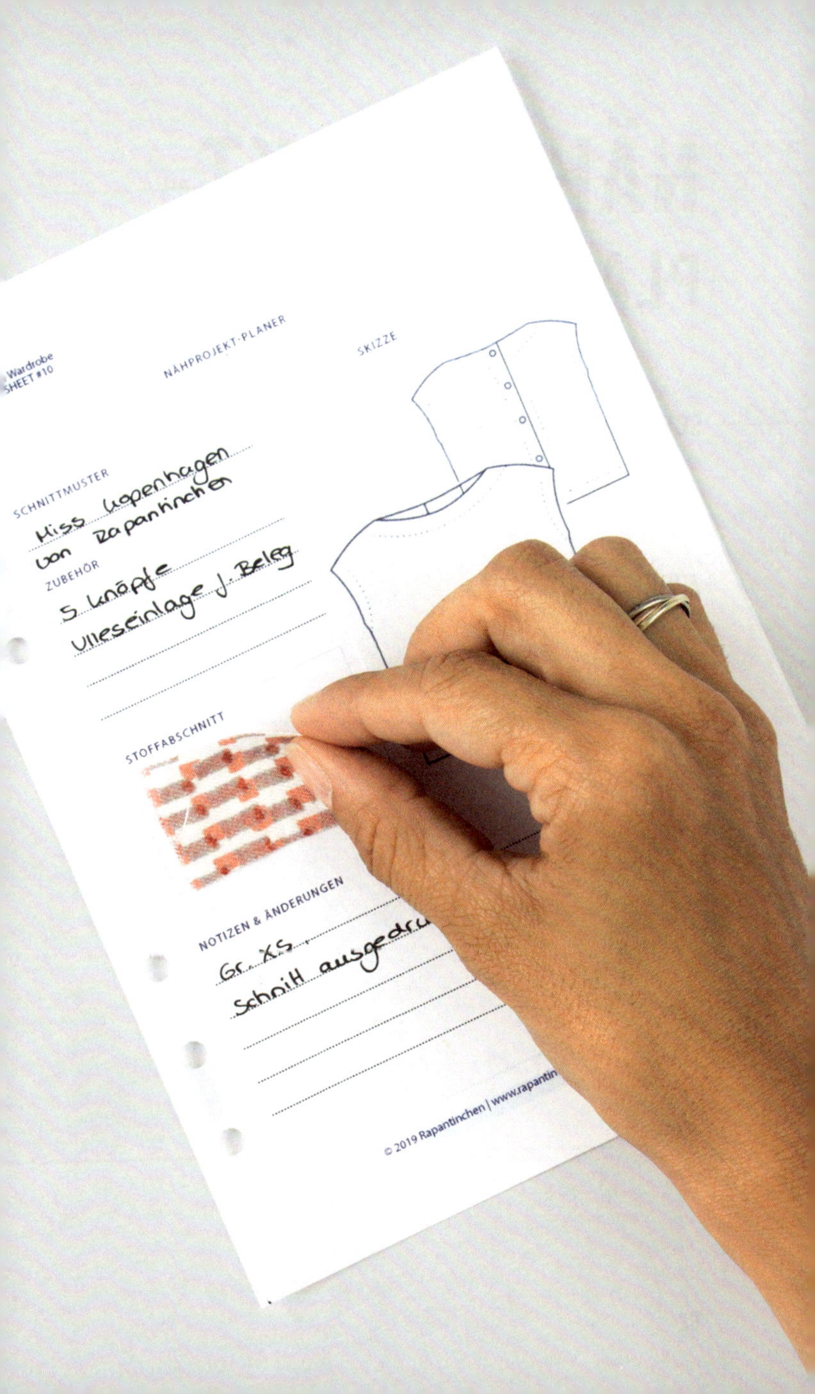

Wardrobe
SHEET #10
NÄHPROJEKT-PLANER
SKIZZE
SCHNITTMUSTER
Miss Kopenhagen
von Rapantinchen
ZUBEHÖR
5 Knöpfe
Vlieseinlage f. Beleg
STOFFABSCHNITT
NOTIZEN & ÄNDERUNGEN
Gr. XS
Schnitt ausgedru
© 2019 Rapantinchen | www.rapantin

NÄHPROJEKT-
PLANER

SCHNITTMUSTER

ZUBEHÖR

STOFFABSCHNITT

Skizze

NOTIZEN & ÄNDERUNGEN

NÄHPROJEKT-
PLANER

SCHNITTMUSTER

ZUBEHÖR

STOFFABSCHNITT

Skizze

NOTIZEN & ÄNDERUNGEN

NÄHPROJEKT-PLANER

SCHNITTMUSTER

ZUBEHÖR

STOFFABSCHNITT

Skizze

NOTIZEN & ÄNDERUNGEN

NÄHPROJEKT-PLANER

SCHNITTMUSTER

ZUBEHÖR

STOFFABSCHNITT

Skizze

NOTIZEN & ÄNDERUNGEN

NÄHPROJEKT-PLANER

SCHNITTMUSTER

ZUBEHÖR

STOFFABSCHNITT

Skizze

NOTIZEN & ÄNDERUNGEN

NÄHPROJEKT-
PLANER

SCHNITTMUSTER

ZUBEHÖR

STOFFABSCHNITT

Skizze

NOTIZEN & ÄNDERUNGEN

NÄHPROJEKT-
PLANER

SCHNITTMUSTER

ZUBEHÖR

STOFFABSCHNITT

Skizze

NOTIZEN & ÄNDERUNGEN

NÄHPROJEKT-PLANER

SCHNITTMUSTER

ZUBEHÖR

STOFFABSCHNITT

Skizze

NOTIZEN & ÄNDERUNGEN

NÄHPROJEKT-PLANER

SCHNITTMUSTER

ZUBEHÖR

STOFFABSCHNITT

Skizze

NOTIZEN & ÄNDERUNGEN

NÄHPROJEKT-PLANER

SCHNITTMUSTER

ZUBEHÖR

STOFFABSCHNITT

Skizze

NOTIZEN & ÄNDERUNGEN

PLANUNGS-MODUL

2

LEKTION 1
VORBEREITUNG
Alltag, Stil & Jahreszeit

Fülle die folgenden Seiten aus, um einen Überblick über die Anforderungen, die du an deine Capsule Wardrobe stellst, zu erhalten und die ersten groben Ziele festzulegen. Trage alle deine Aktivitäten ein. Danach weißt du sicherlich schon, welchen Bereich deine Capsule Wardrobe abdecken soll.

DEIN ALLTAG

Trage hier deine täglichen Gewohnheiten und Termine ein, um die Anforderungen an deine Kleidung besser kennenzulernen (z. B. Büro, Sport, ...).

MONTAG

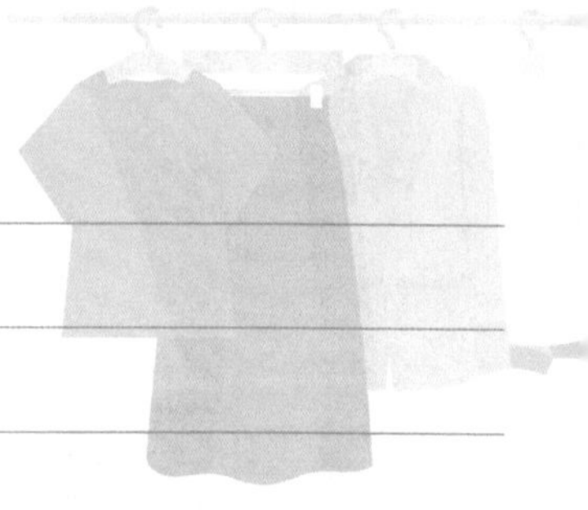

DIENSTAG

MITTWOCH

DONNERSTAG

FREITAG

SAMSTAG & SONNTAG

DEINE CAPSULE WARDROBE-ZIELE

Definiere deine groben Ziele. Für welche Saison möchtest du deine Capsule Wardrobe erstellen? Oder welchen Bereich soll sie abdecken? Hast du vielleicht sogar schon Stilideen (clean, romantisch, sportlich ...)?

DAS FEHLT DIR

- ○ Frühjahr / Sommer
- ○ Herbst / Winter

DER THEMENBEREICH

- ◯ Sport
- ◯ Urlaubsgarderobe
- ◯ Businesskleidung
- ◯ Unterwäsche
- ◯ Alltagskleidung

Eigene Ideen

- ◯ ____________
- ◯ ____________
- ◯ ____________
- ◯ ____________

STIL-IDEEN (FALLS SCHON BEKANNT)

____

____

____

____

PLATZ FÜR WEITERE NOTIZEN

____

____

____

____

LEKTION 2
BESTANDSAUFNAHME

Ordnung im Kleiderschrank

Sichte den Inhalt deines Kleiderschrankes und sortiere ihn nach folgenden Kategorien: Defekte Kleidung, ungeliebte/ungetragene Kleidung für den Flohmarkt, Kleidung für ein Upcycling-Projekt, Kleidung die nicht zur aktuellen Saison passt.

ORDNUNG
IM KLEIDERSCHRANK

Räume deinen Kleiderschrank aus und nimm dir jedes Teil vor. Stelle dir folgende Fragen:

IST DAS KLEIDUNGSSTÜCK NOCH EINWANDFREI?

JA ○ NEIN ○

HABE ICH ES IM LETZTEN JAHR GETRAGEN?

JA ○ NEIN ○

FÜHLE ICH MICH DARIN WOHL?

JA ○ NEIN ○

Hast du alle Fragen mit „Ja“ beantwortet, darf das Teil zurück in den Kleiderschrank. Falls nicht, wird weitersortiert.

Die 4-Kisten-Sortierung

KISTE 1 - MÜLL
Kleidung, die kaputt und nicht mehr zu retten ist.

KISTE 2 - SECOND HAND
Fehlkäufe & nicht gerne/häufig getragene Kleidung.

KISTE 3 - UPCYCLING
Kleidung, aus der Neues entstehen kann.

KISTE 4 - SAISON
Kleidung, die nicht zur aktuellen Saison passt.

DEINE LIEBLINGSTEILE

DAS FEHLT DIR

LEKTION 3
INSPIRATION & IDEEN

Sammle, was dir gefällt

Lass dich inspirieren und sammle Bilder, die dir gefallen. Analysiere sie und finde deinen roten Faden. Am besten geht das mit dem Ideentool *Pinterest*. Die folgenden Fragen und Hilfestellungen können dir bei deiner Auswahl helfen.

NEUE MODE,
der Saison
Gar nicht so schwer:
Graceful Blazer Outfits Ideas For Women 17
How to Style Red and Pink Outfits | Of Leather and Lace
Pale-Wedgwood-249-Arquerite-250-Delicate-Bl...
How to Style Red and Pink

SAMMLE INSPIRATION
UND FINDE DEINEN ROTEN FADEN

Beispiele, wo du schöne Ideen und Inspirationen finden könntest, habe ich dir hier zusammengestellt:

MÖGLICHE INHALTE
- Outfits
- Stoffe
- Schnittmuster
- Stimmungsbilder, die du magst

INSPIRATIONSQUELLEN:
- Pinterest, Instagram, Blogs
- Shops großer Modehersteller
- Zeitschriften & Kataloge
- Menschen auf der Straße

WELCHE FARBEN DOMINIEREN?

WELCHE KLEIDUNGSSTÜCKE TAUCHEN HÄUFIGER AUF (HOSEN, RÖCKE, KLEIDER ...)?

GIBT ES DETAILS, DIE DU BESONDERS MAGST?

LEKTION 4
MOODBOARD
Sammeln für konkrete Nähprojekte

Nun wird es kreativ. Ergänze die Ideen aus Lektion 3 mit passenden Stoffen und Schnittmustern aus deinem Fundus. Klebe Stoffstücke, Skizzen, Knöpfe, Bilder aus deinem Ideenboard auf und erstelle so ein Moodboard als Grundlage für deine Nähpläne.

DEIN MOODBOARD
AU REVOIR
© 2019 Rapantinchen | www.rapantinchen.de
HÖHENFLUG
ALLES DRIN!

Moodboard

LEKTION 5
FARBEN
Die 3-Farbbausteine-Regel

Entscheide dich nun für eine Basisfarbe, ein bis zwei Akzentfarben und die neutralen Farben, die du verwenden möchtest. Erstelle so ein Farbkonzept, für deine Capsule Wardrobe. Zeichne die Farben ein und klebe, wenn du magst, schon ein paar passende Stoffe dazu.

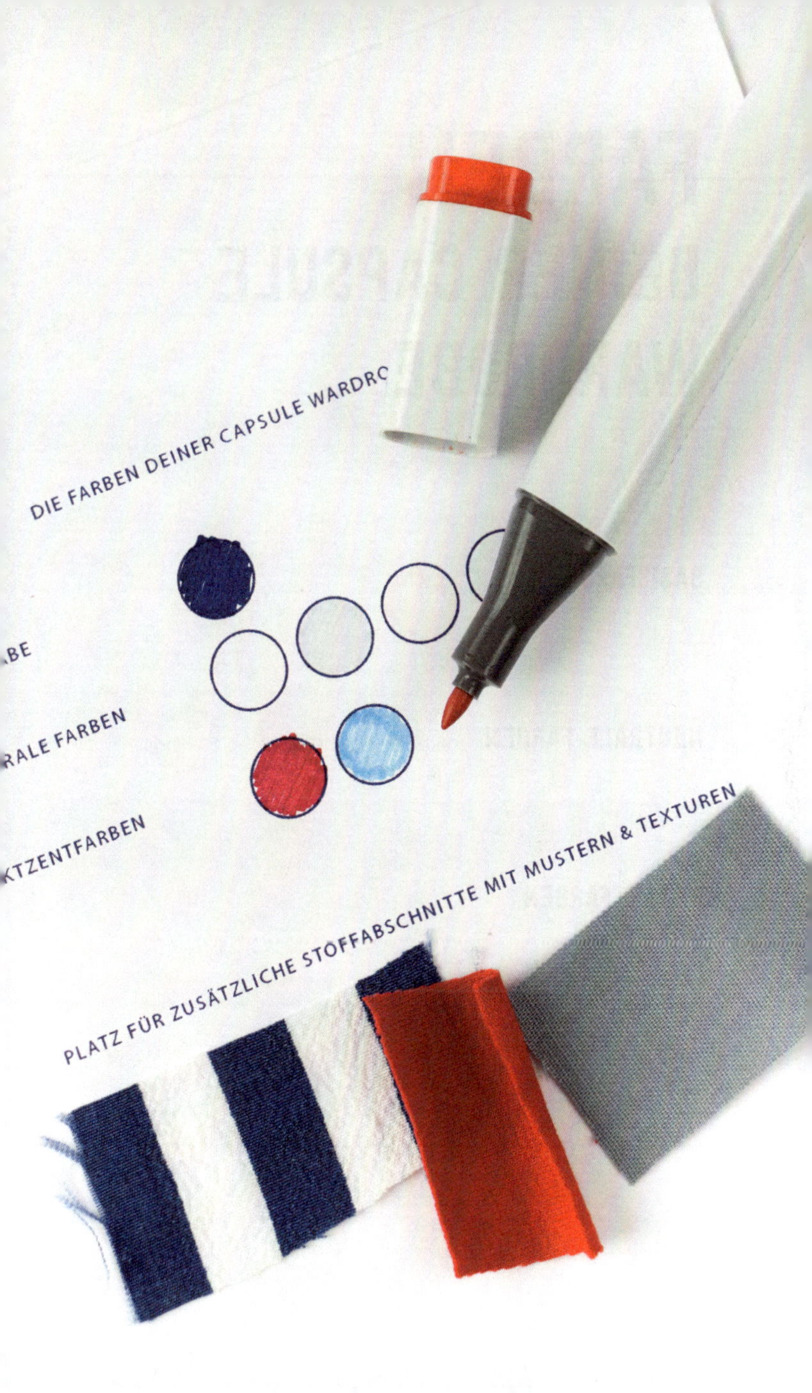
DIE FARBEN DEINER CAPSULE WARDRC
BE
RALE FARBEN
KTZENTFARBEN
PLATZ FÜR ZUSÄTZLICHE STOFFABSCHNITTE MIT MUSTERN & TEXTUREN

FARBEN
DEINER CAPSULE WARDROBE

BASISFARBE

NEUTRALE FARBEN

AKZENTFARBEN

Platz für zusätzliche Stoffabschnitte mit Mustern & Texturen

LEKTION 6
OUTFITS

Kleidung, Stoffe & Schnittmuster kombinieren

Hast du Outfitideen, dann notiere dir die Outfitdetails auf den nächsten Worksheets, als Text oder schnelle Skizze. Vielen hilft es, die Outfits an Croquis zu zeichnen, um direkt zu sehen, wie sie wirken. Alternativ kannst du die technischen Zeichnungen der Schnittmuster kopieren und ausmalen.

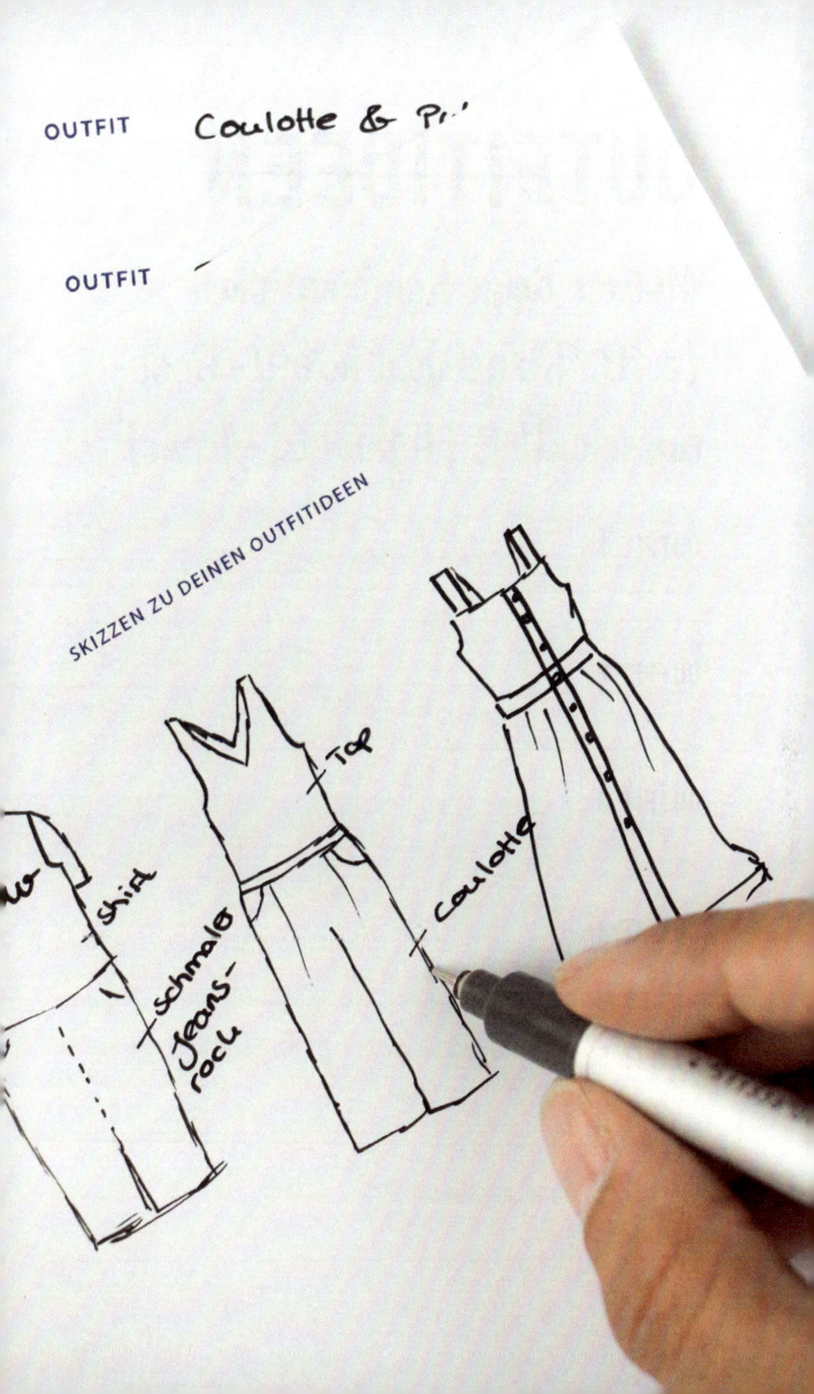
OUTFIT
Coulotte &
OUTFIT
SKIZZEN ZU DEINEN OUTFITIDEEN
Top
Coulotte
Shirt
schmaler Jeans-rock

OUTFITIDEEN

Notiere deine Kombinationen (z. B. Ringelshirt mit U-Boot-ausschnitt & Highwaist-Jeans)

OUTFIT 1

OUTFIT 2

OUTFIT 3

OUTFIT 4

OUTFIT 5

OUTFIT 6

OUTFIT 7

OUTFIT 8

OUTFIT 9

OUTFIT 10

OUTFIT 11

OUTFIT 12

OUTFIT 13

OUTFIT 14

OUTFIT 15

Skizzen zu deinen Outfitideen

Skizzen zu deinen Outfitideen

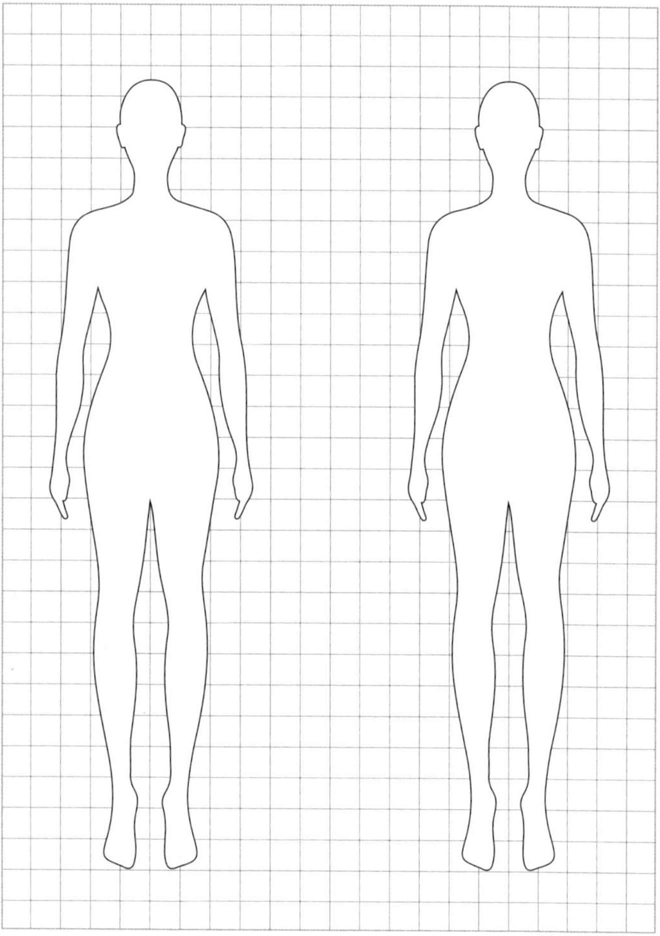

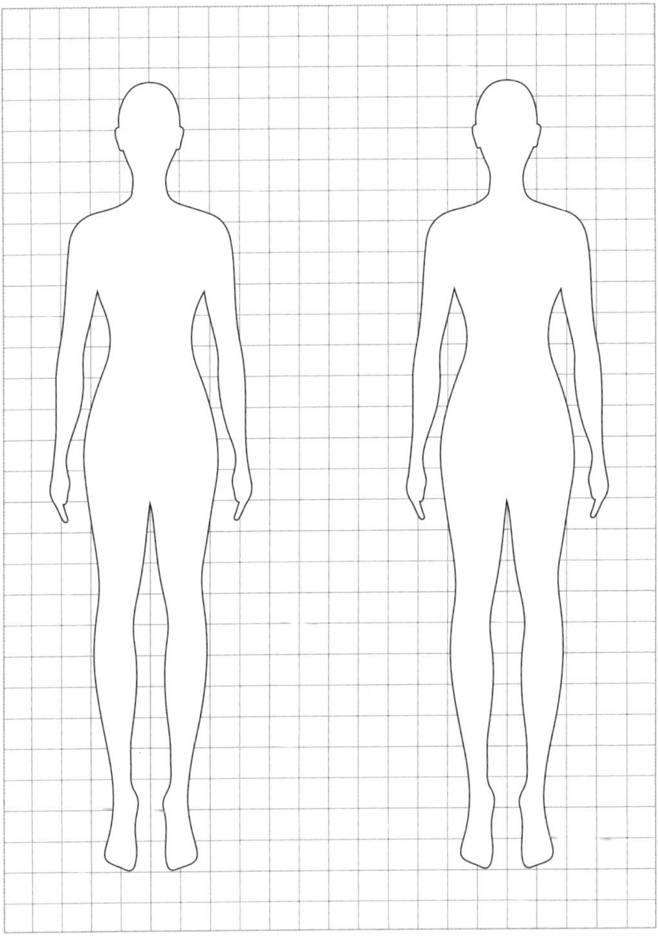

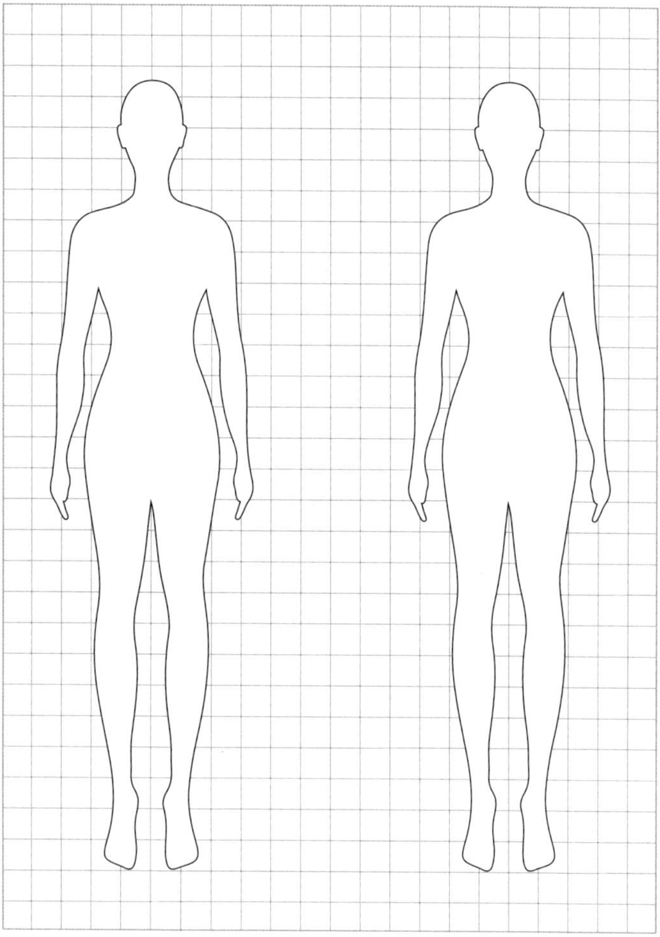

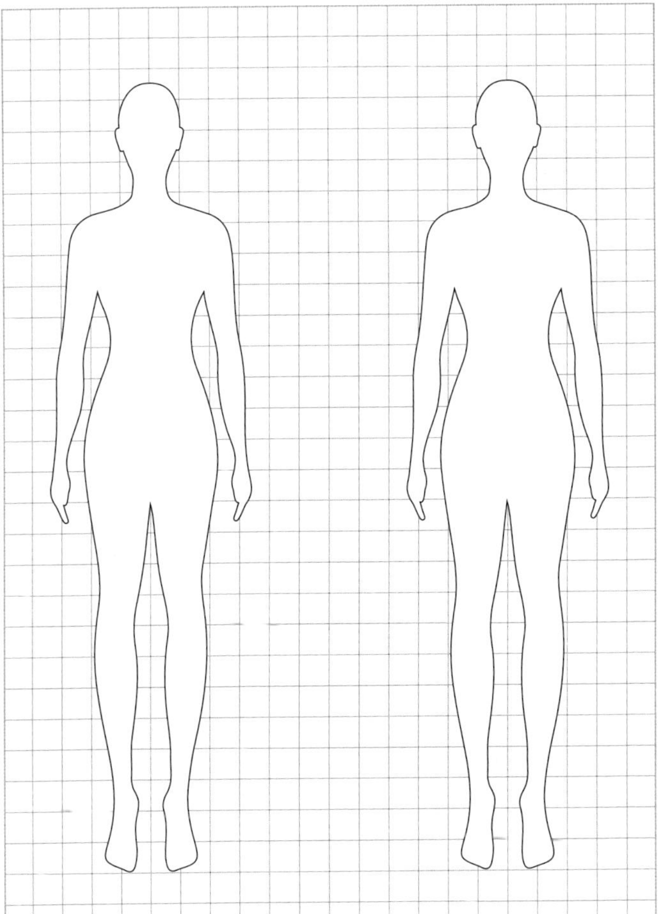

LEKTION 7
EINKAUFSLISTE & PROJEKTÜBERSICHT

Lege Nähprojekte fest

Halte jedes Nähprojekt mit allen Einzelheiten, wie Schnittmuster, Stoff, Zubehör & Co. auf den folgenden Seiten fest und markiere dir die fehlenden Zutaten für deinen Einkauf. Nähe danach anhand deiner Notizen deine Capsule Wardrobe.

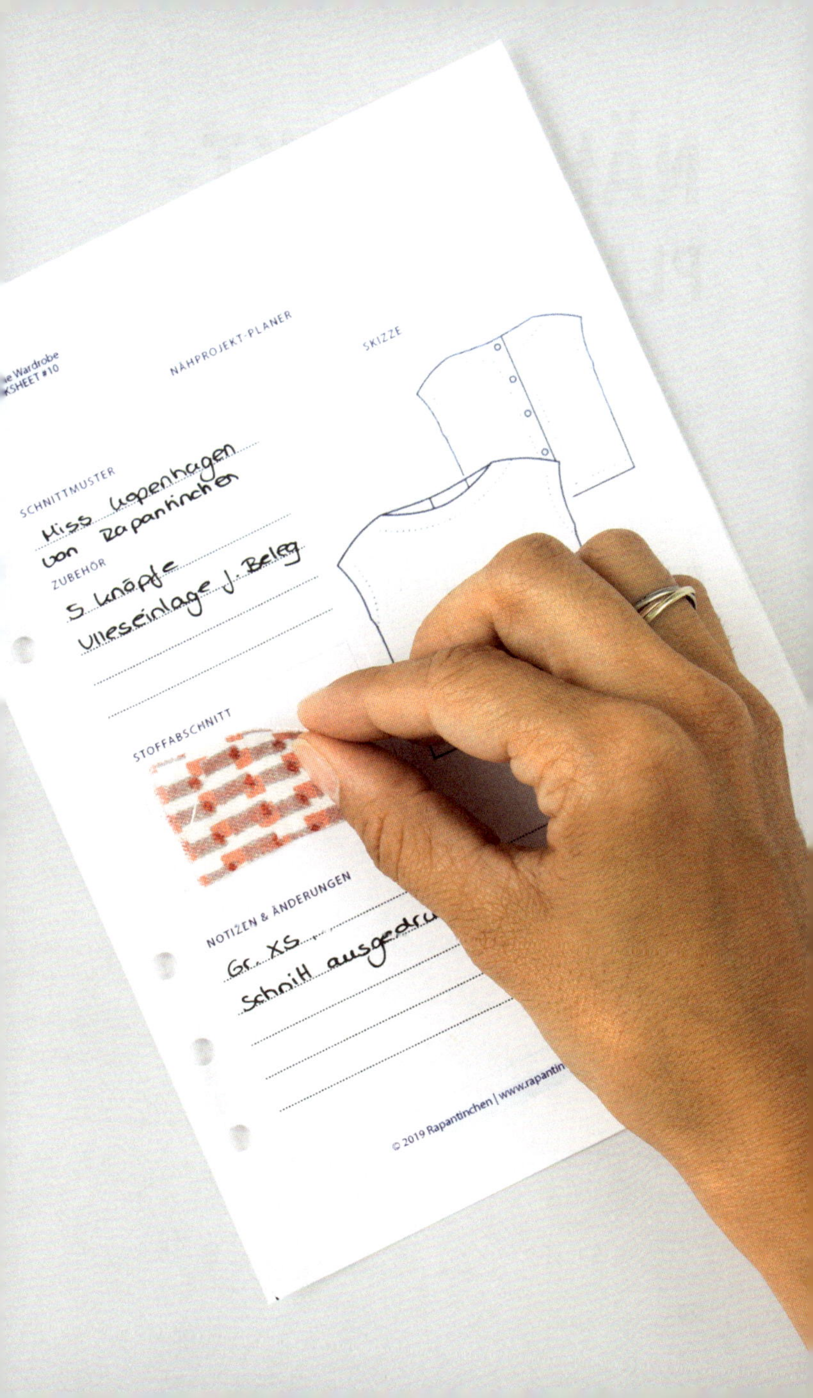
NÄHPROJEKT-PLANER
SKIZZE
SCHNITTMUSTER
Miss Kopenhagen
von Rapantinchen
ZUBEHÖR
5 Knöpfe
Vlieseinlage f. Beleg
STOFFABSCHNITT
NOTIZEN & ÄNDERUNGEN
Gr. XS
© 2019 Rapantinchen

NÄHPROJEKT-
PLANER

SCHNITTMUSTER

ZUBEHÖR

STOFFABSCHNITT

Skizze

NOTIZEN & ÄNDERUNGEN

NÄHPROJEKT-PLANER

SCHNITTMUSTER

ZUBEHÖR

STOFFABSCHNITT

Skizze

NOTIZEN & ÄNDERUNGEN

NÄHPROJEKT-
PLANER

SCHNITTMUSTER

ZUBEHÖR

STOFFABSCHNITT

Skizze

NOTIZEN & ÄNDERUNGEN

NÄHPROJEKT-PLANER

SCHNITTMUSTER

ZUBEHÖR

STOFFABSCHNITT

Skizze

NOTIZEN & ÄNDERUNGEN

NÄHPROJEKT-
PLANER

SCHNITTMUSTER

ZUBEHÖR

STOFFABSCHNITT

Skizze

NOTIZEN & ÄNDERUNGEN

NÄHPROJEKT-PLANER

SCHNITTMUSTER

ZUBEHÖR

STOFFABSCHNITT

Skizze

NOTIZEN & ÄNDERUNGEN

NÄHPROJEKT-PLANER

SCHNITTMUSTER

ZUBEHÖR

STOFFABSCHNITT

Skizze

NOTIZEN & ÄNDERUNGEN

NÄHPROJEKT-PLANER

SCHNITTMUSTER

ZUBEHÖR

STOFFABSCHNITT

Skizze

NOTIZEN & ÄNDERUNGEN

NÄHPROJEKT-PLANER

SCHNITTMUSTER

ZUBEHÖR

STOFFABSCHNITT

Skizze

NOTIZEN & ÄNDERUNGEN

NÄHPROJEKT-PLANER

SCHNITTMUSTER

ZUBEHÖR

STOFFABSCHNITT

Skizze

NOTIZEN & ÄNDERUNGEN

NACHWORT

Herzlichen Glückwunsch!

Zwei ganze Capsule Wardrobes hast du erstellt. Ich hoffe, der Planer konnte dir helfen, mehr Struktur in deine Nähideen zu bringen und du hast allerlei Lieblingsteile für dich nähen können. Vielleicht konntest du ein paar Tipps und Tricks für nachfolgende Vorhaben mitnehmen oder hast Spaß daran gefunden, dir vor jeder Saison ausführliche Gedanken zu deiner Garderobe zu machen. Dann verfolge dieses Konzept doch weiter und du wirst merken, dass es dir von Saison zu Saison leichter fallen wird, die richtigen Schnitte und Stoffe für dich zu finden.

Hast du Lust deine Ergebnisse zu teilen und gemeinsam mit anderen deine Capsule Wardrobe zu erstellen? Dann besuche mich auf www.rapantinchen.de und melde dich zum Online-Workshop zu diesem Buch an.

Ich freue mich auf dich

Anja

Rapantinchen

DANK

Dieses Buch gäbe es nicht, hätte mein Mann mich nicht die spontane Idee zu diesem Workshop in stundenlanger Computerarbeit umsetzen lassen. Dieses Buch gäbe es auch nicht, hätten nicht über 400 näh- und planwütige Menschen am ersten Workshop teilgenommen. Und es gäbe dieses Buch nicht, wenn nicht auch der Verlag sich für diese Idee begeistert hätte. D A N K E – von ganzem Herzen!

LIEBLINKS

In den Weiten dieses Internets gibt es eine ganze Menge hilfreicher Links und Seiten, die dir bei der Planung deiner Garderobe helfen können. Ein paar davon möchte ich dir noch mit auf den Weg geben:

Passend zu diesem Planer gibt es einen Online-Workshop, in dem du gemeinsam mit anderen deine Garderobe planen kannst. Mehr Infos: www.rapantinchen.de/workshop/

Croquis, die genau auf deine Figur abgestimmt sind, kannst du dir mit Hilfe von myBodymodel erstellen lassen. So macht das Zeichnen gleich doppelt Spaß: www.mybodymodel.com

Wenn du absoluter Nähanfänger bist, empfehle ich dir den Onlinenähkurs von Lisa und Annika. Hier wird alles Schritt für Schritt erklärt: www.onlinenaehkurs.com

INSPIRATIONEN, SCHÖNE SCHNITTMUSTER & STOFFE FINDEST DU Z. B. BEI:

www.rapantinchen.de
www.schnittduett.de
www.juni-design.com
www.1000stoff.de
www.lebenskleidung.com
www.tweedandgreet.de

IMPRESSUM

Autorin: Anja Gulden
Fotografie: Anja Gulden
Grafiken S. 56-59, 114-117: © Athi Aachawaradt/Shutterstock.com
S. 28/29, 86/87: © mei yanotai/Shutterstock.com
S. 35, 62-80, 93, 120-138: © Olga_C/Shutterstock.com
Redaktion und Produktmanagement: Theresa Peter
Lektorat: A. Reuß
Layout: Silke Schüler
Umschlaggestaltung: Leeloo Molnár
Herstellung: Bettina Schippel, Stephanie Schlemmer
Repro: LUDWIG:media, Zell am See
Printed in Germany by Grafisches Zentrum Cuno

★★★★★

Sind Sie mit diesem Titel zufrieden? Dann würden wir uns über Ihre Weiterempfehlung freuen. Erzählen Sie es im Freundeskreis, berichten Sie Ihrem Buchhändler oder bewerten Sie bei Onlinekauf. Und wenn Sie Kritik, Korrekturen, Aktualisierungen haben, freuen wir uns über Ihre Nachricht an: Christophorus Verlag, Postfach 40 02 09, D-80702 München oder per E-Mail an lektorat@verlagshaus.de

Unser komplettes Programm finden Sie unter

www.christophorus-verlag.de

Die Deutsche Nationalbibliothek verzeichnet diese Publikation in der Deutschen Nationalbibliografie; detaillierte bibliografische Daten sind im Internet über http://dnb.d-nb.de abrufbar.

ISBN 978-3-8410-6567-4

Ebenfalls erhältlich ...

ISBN: 978-3-8410-6472-1

ISBN: 978-3-8410-6574-2

www.christophorus-verlag.de